QUELQUES MOTS

SUR NOS COLONIES

A PROPOS
DE LA RÉFORME DU TARIF DES SUCRES,

PAR M. PÉCOUL

REPRÉSENTANT DU PEUPLE.

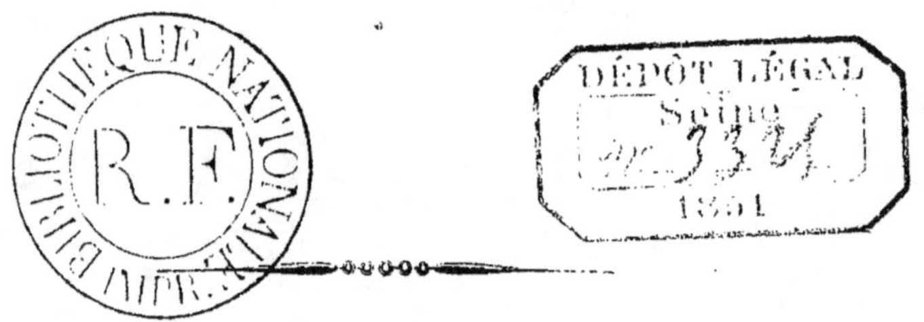

PARIS

TYPOGRAPHIE PANCKOUCKE

Rue des Poitevins, 8

1851

QUELQUES MOTS

SUR NOS COLONIES

A PROPOS
DE LA RÉFORME DU TARIF DES SUCRES,

PAR M. PÉCOUL
REPRÉSENTANT DU PEUPLE.

Le sort de nos colonies dépend de la loi que l'Assemblée nationale discute en ce moment. On sait que le sucre est leur principale production, que c'est par le sucre qu'elles existent. Selon que le prix du sucre s'élève ou s'abaisse, les affaires y prospèrent ou languissent, les consommations s'y développent ou se restreignent, la vie y circule ou s'éteint. Le sucre est pour nos colonies ce que les céréales et les vins réunis sont pour la France ; bien plus même, car il entre pour une valeur de 64 millions dans les 72 millions qu'elles exportent à destination de la métropole, et représente ainsi 88 p. 0|0 de leur commerce avec cette dernière, 82 p. 0|0 de leur commerce total, 66 p. 0|0 de l'emploi de leur population (1).

Dans le cours des discussions dont le projet de loi sur les sucres a déjà été l'objet, il s'est manifesté pour nos colonies un sentiment de bienveillance remarquable. A l'Assemblée nationale, comme au congrès agricole, les défenseurs du sucre indigène se sont accordés avec ceux du commerce maritime pour reconnaître qu'il était juste et nécessaire de prendre en considération les graves difficultés contre lesquelles nos colonies ont à lutter depuis l'abolition de l'esclavage ;

---

(1) Rapport au conseil d'Etat par la section de législation.

ils ont unanimement réclamé un dégrèvement spécial pour le sucre colonial.

Mais il est évident que, dans la pensée de tous, ces colonies sont blessées à mort et ne peuvent plus désormais avoir d'importance pour la France. Les uns concèdent volontiers quelque chose à des rivaux dont la production ne paraît plus pouvoir faire à la leur une concurrence sérieuse, et qu'ils appellent à combattre avec eux contre le sucre étranger. Les autres, tout en demandant aide et protection pour les colonies, parce que, après tout, le commerce colonial est une branche du commerce maritime, dissimulent à peine, pourtant, que leurs espérances se portent de préférence vers les horizons sans bornes qu'ils croient découvrir pour leurs spéculations à Cuba, au Brésil et à Java. Ce mirage qui les éblouit rapetisse singulièrement à leurs yeux les marchés réservés où le commerce français règne sans concurrence ; ils sont tout disposés à lâcher la proie pour l'ombre.

Faut-il donc s'étonner dès lors qu'on ne se soit pas du tout demandé si le secours qu'il s'agit de donner à nos colonies est suffisant, s'il est de nature à prévenir leur ruine, ou s'il n'aura pour effet que de la retarder un peu? C'est l'aumône de la pitié jetée à des mourants qu'on ne croit pas pouvoir sauver, non l'appui efficace offert à des fils ou à des frères qu'on a sérieusement à cœur de relever.

Cette disposition des esprits est la conséquence des notions erronées répandues depuis longtemps en France au sujet de nos colonies, de l'ignorance où l'on y est généralement de tout ce qui les concerne. Il y a bien des années qu'on dit et qu'on répète que ces colonies sont de misérables îlots improductifs, que leur possession nous coûte des sommes considérables, qu'elles sont un obstacle au développement de nos relations avec les contrées étrangères qui produisent le sucre et le café, qu'il y aurait du bénéfice pour la France à les répudier.

Ce n'est pas seulement dans le vulgaire que cette opinion est accréditée, la plupart de nos hommes d'Etat la professent. L'un des plus éminents d'entre eux, l'honorable M. Thiers, ne parlait-il pas, il y a quelque temps, comme d'une chose incontestable, de *ces gênes*, de *ces dépenses* que le régime colonial impose à toute notre législation (1) ? Ne représentait-il pas comme *énormes* ces *dépenses* qui, disait-il, *sont la majeure partie du budget de la marine* (2) ? N'assurait-il pas que la suppression du régime colonial ne ferait pas cesser le placement de nos produits dans nos colo-

(1) Discussion du traité Leprédour, 5 décembre 1849.
(2) 11 millions sur 107 millions !

nies (1) ? Ne s'écriait-il pas, enfin, avec autorité : « Eh
« bien, vos trois colonies, la Guadeloupe, la Martinique et
« la Réunion, ne dépassent pas ce que vous avez d'impor-
« tance de pavillon dans l'Amérique du Sud (2) ? »

Il importe donc, autant dans l'intérêt de la France que
dans celui de ses colonies, de rechercher si ces préjugés ont
quelque fondement, de constater avec exactitude ce que coûtent en réalité nos colonies, ce qu'elles rapportent, d'apprécier l'influence qu'exerce sur elles le régime auquel nous
persistons à les soumettre, de comparer ce régime avec celui qu'ont donné à leurs colonies l'Espagne et l'Angleterre,
les deux puissances qui possèdent le plus de colonies et les
colonies les plus importantes.

C'est ce que je me propose de faire dans cet écrit. Un
pareil examen ne pourra que réhabiliter dans l'opinion pu-
blique nos départements transatlantiques, les présenter
comme des possessions précieuses, dont les ressources naturelles ne sont point taries, et que l'honneur et l'intérêt du
pays commandent de secourir efficacement dans la crise re-
doutable qu'elles subissent en ce moment.

CE QUE COUTENT LES COLONIES FRANÇAISES A LEUR MÉTROPOLE.

Quand bien même il serait prouvé que nos colonies nous
coûtent plus qu'elles ne nous rapportent, ce ne serait point
assurément une raison pour les retrancher de la grande famille française. Il est, en effet, plus d'un des départements de
la France qui reçoit du budget général beaucoup plus qu'il
n'y verse. La Corse, notamment, est dans ce cas. Est-il

---

(1) Voyez si ceux de l'industrie anglaise et de l'industrie des Etats-
Unis ne chassent pas chaque jour les nôtres des marchés de Cuba, de
Porto-Rico, du Brésil.

(2) Ne dépassent pas ! Ne faudrait-il pas, au contraire, concevoir
quelque estime pour trois petites îles dont la population totale n'atteint pas 400,000 habitants, et qui, quoique tenues dans les liens d'un
monopole sans compensation, font encore avec la France autant d'affaires que l'Amérique du Sud ? M. Thiers s'est-il bien rendu compte
de ce que c'est que l'Amérique du Sud, qui comprend le Brésil, les
deux républiques de la Plata, le Chili, le Pérou, la Colombie, les
Etats de l'isthme de Panama et le Mexique. La section de législation
du conseil d'Etat ne s'y est pas méprise; elle a vu dans ce fait une
preuve de l'importance de nos colonies. Elle dit à ce sujet : « Un
« seul mot, d'ailleurs, peut donner la mesure de l'importance du com-
« merce colonial, c'est qu'il est à lui seul égal à peu près à celui que
« la France fait annuellement avec les possessions espagnoles en Amé-
« rique, le Brésil, le Mexique, le Chili. »

jamais venu pour cela à la pensée de personne de demander
que cette île cessât de figurer au nombre de nos départements ?

Il ne suffirait pas, d'ailleurs, d'établir que nos dépenses
pour nos colonies excèdent les recettes que nous y faisons,
il faudrait encore prouver que ce résultat tient à l'impuis-
sance même des colonies, et non à l'inintelligence du régime
auquel nous les avons soumises.

On peut dire encore que la balance du compte des colonies avec leur métropole ne se compose pas seulement de la
différence existant entre les recettes et les dépenses, mais
qu'elle comprend aussi et surtout la somme d'affaires et de
bénéfices qui résulte des importations et des exportations ré-
ciproques ; que pour apprécier dès lors les avantages que
la possession des colonies procure à la France, il est nécessaire d'embrasser la question dans son ensemble, au lieu de
se borner à supputer, comme le ferait un petit marchand,
de combien les dépenses d'administration excèdent le montant
des impôts que le fisc perçoit dans les colonies.

Au reste, la constitution, en déclarant les colonies parties
intégrantes du territoire de la République, a par cela même
péremptoirement résolu la question. Il n'est plus permis, aujourd'hui, de discuter s'il convient de conserver ou d'abandonner des possessions qui font partie de la France au
même titre que nos autres départements. Mais il sera utile
de démontrer que cette assimilation est loin d'être onéreuse,
comme on le croit généralement. Un simple coup d'œil jeté
sur le budget suffira pour en convaincre les plus incrédules.

D'après le budget de la présente année 1851, la dépense
totale des colonies s'élève à............... 17,902,900 f.

Mais il faut en déduire, pour connaître la
dépense réelle :

1° Les recettes locales qui figurent au même
budget pour.................... 5,477,300
2° La rente dite de l'Inde (1).. 1,050,000

Soit........... 6,527,300

Reste................ 11,375,600 f.

C'est donc à cette dernière somme que s'élève l'excédant
réel de la dépense sur la recette de tous nos établissements
coloniaux. Il y a loin, comme on le voit, de ce chiffre à ces
dépenses énormes formant la majeure partie de celles du bud-

(1) Somme payée annuellement à la France par la compagnie des Indes
anglaises pour prix de notre renonciation à l'exploitation du commerce
du sel et de l'opium dans nos possessions de l'Inde.

get de la marine, dont nous parlait l'honorable **M. Thiers.**
Certes, ces 11 millions ne sont pas hors de proportion avec
l'intérêt qu'a un pays comme la France, doté d'une longue
étendue de côtes et de ports excellents sur deux mers, à posséder au delà de l'Atlantique des lieux de relâche et de ra-
vitaillement pour sa marine militaire et sa marine marchande, des centres commerciaux où flotte son pavillon, où
règnent ses lois, où se parle sa langue.

Mais si on analyse cette dépense de...... 11,375,600 f.
on trouve que les services militaires, personnel
et matériel, y entrent pour................. 6,411,500

C'est là, évidemment, une dépense qui ne
doit pas plus être reprochée aux colonies qu'on
ne serait admis à reprocher aux départements
de la Manche, du Finistère et du Var, ce qu'il
en coûte au trésor pour l'entretien des garni-
sons et des fortifications de Cherbourg, de Brest
et de Toulon. Il s'agit de la défense du territoire, c'est une dépense d'intérêt général. Elle
figure donc à tort au débet des colonies. Si on
en opère le retranchement, on n'aura, pour la
dépense de toutes les colonies réunies, que... 4,964,100 f.

Or, pour savoir au juste quelle part prennent
dans cette somme les colonies proprement dites
les colonies agricoles, c'est-à-dire la Martinique,
la Guadeloupe, la Guyane et la Réunion, il
faut en retrancher ce que coûtent quelques établissements politiques ou de fantaisie fondés depuis quelques années, et ceux destinés à déve-
lopper la pêche de la morue, qui est une ex-
cellente école de marins.

Ces établissements sont les comptoirs forti-
fiés de la côte occidentale d'Afrique, portés au
budget pour...................... 178,000 fr.
(1) Mayotte et dépendances....... 276,000
     Les Marquises et Taïti....... 570,000
     Saint-Pierre et Miquelon..... 235,500
(2) Le comptoir du Sénégal...... 435,000

         Ensemble............. 1,695,100 f.

---

(1) Mayotte est un point fort important par sa proximité de la
grande île de Madagascar, si riche en productions naturelles, et sur
laquelle d'anciens traités nous donnent des droits de souveraineté.

(2) Le Sénégal n'est qu'un comptoir ; mais une politique intelligente
y ferait facilement affluer les produits de l'intérieur de l'Afrique, et
écoulerait par ce point des marchandises françaises pour des sommes
considérables.

Nos déboursés pour nos quatre colonies agricoles ne se montent donc effectivement qu'à .... 3,269,000 f.

Il y a lieu de faire observer que c'est la métropole qui a organisé tous les services dans les colonies, qu'elle y a à plaisir multiplié sans nécessité les rouages, et enflé outre mesure le personnel. C'est ainsi que le commissariat seul de la marine y coûte............. 532,000 fr.

Les loyers et ameublements...... 399,300

Total......... 931,300

Jamais dépenses de cette nature n'ont été mises à la charge des ports de mer. C'est donc à tort qu'on porte celles-ci au budget des colonies.

Il en est de même du service de la douane. Ce service, créé dans l'intérêt du commerce de la métropole, devrait être retranché du budget colonial. Il s'élève à................. 732,000

Les trois articles réunis vont à............ 1,663,300

Pour la dépense stricte des colonies, il ne reste donc qu'une somme de................ 1,605,700 f.

CE QUE RAPPORTENT NOS COLONIES.

Je viens de prouver, par des chiffres, que ces dépenses énormes du budget colonial contre lesquelles on se récrie tant, se réduisent en réalité à une somme insignifiante. Voyons maintenant ce que nos colonies nous rapportent, et par les tributs que l'Etat prélève sur leurs produits, et par la somme des échanges qui s'opèrent entre elles et la métropole.

Il résulte des tableaux officiels publiés par le Gouvernement, que les sucres seuls des colonies françaises ont payé au trésor public :

En 1843.... 37,100,000 fr.
En 1844.... 41,300,000
En 1845.... 42,900,000
En 1846.... 37,100,000
En 1847.... 41,600,000

Ce qui fait en moyenne................ 40,000,000 fr.

Et depuis la dernière révolution, nonobstant l'ébranlement causé par l'émancipation des esclaves :

En 1848.... 22,600,000 fr.
En 1849.... 31,361,000   (1)

C'est là, certainement, un revenu assez important à mettre en regard des 1,605,700 fr. de la dépense réelle, voire même des 11,375,600 fr. de la dépense apparente. Quel que soit le chiffre qu'on adopte, il y aura toujours une balance considérable en faveur des colonies.

Mais on ne manquera pas de dire que l'impôt prélevé sur les sucres coloniaux est supporté par le consommateur de la métropole et non par le producteur des colonies.

Si les impôts dits *de consommation*, n'atteignent que les consommateurs, pourquoi donc nos départements viticoles réclament-ils avec tant d'insistance et d'énergie contre l'impôt des boissons? leur persuaderez-vous que cet impôt ne pèse que sur le consommateur, et que, quoiqu'il soit qualifié d'*indirect*, ce n'est pas, en définitive, le propriétaire, le producteur, qui le supporte ?

Il faudrait d'ailleurs se mettre d'accord avec soi-même. Si l'impôt que les produits des colonies acquittent à leur importation en France, ne frappe que le consommateur de la métropole, l'impôt établi dans les colonies sur les marchandises importées de France, ne frappe aussi que l'habitant des colonies, appelé à consommer ces marchandises. Les deux cas sont identiques. Ce qui est vrai pour l'un, en France, ne peut être faux pour l'autre aux Antilles et à la Réunion.

Voici pourtant ce qui est arrivé.

Les conseils coloniaux avaient depuis longtemps établi un droit d'octroi de 3 p. 0/0 sur toutes les marchandises importées de la métropole. Cette perception qui ajoutait, dans chacune de nos grandes colonies, environ 300,000 fr. aux revenus locaux, et diminuait d'autant la subvention à demander au budget général de la France, avait donné à plusieurs d'entre elles le moyen de former des caisses de réserve pour les temps de calamités publiques ou pour entreprendre des travaux d'utilité générale. Cette ressource leur fut enlevée à partir de 1847, par le motif que le commerce national ne devait pas être imposé, ce qui équivalait à dire que, dans la pensée du Gouvernement et du commerce, ce dernier, c'est-à-dire le producteur de la métropole, supportait seul le droit établi sur les importations, que le consommateur des colonies n'y contribuait en rien.

(1) Les colonies livrent, en outre, à la France, des cafés, des cacaos, des tafias, et tous ces articles sont lourdement imposés. Je n'ai fait état ici que du sucre, parce que c'est le principal produit.

Ainsi, au nom de l'immunité due au pavillon national, on supprimait le droit établi par les colonies sur les marchandises arrivant de la métropole, alors que dans les ports de celle-ci tous les produits des colonies sont grevés de droits énormes, et on déclarait en même temps, par là, que ces droits à l'importation ne sont point payés par le consommateur. Il n'est donc pas possible qu'on se refuse à porter au crédit des colonies le montant des impôts acquittés par leurs sucres, leurs tafias et leurs cafés.

Dira-t-on qu'à défaut des sucres coloniaux le trésor se procurerait les mêmes ressources par l'impôt sur les sucres indigènes et étrangers ?

Cette objection n'a aucune force, car on l'opposerait avec autant de raison à ceux de nos départements qui cultivent la vigne pour leur prouver que la part contributive de leurs vins et de leur eaux-de-vie dans les produits de l'impôt dit *des boissons*, ne leur mérite aucune considération, ne leur confère aucune importance. On pourrait en dire autant de tous les produits français. S'ils n'existaient pas, l'Etat percevrait les mêmes impôts sur leurs similaires étrangers.

Aux ressources que les colonies procurent par les droits qu'acquittent leurs denrées à leur arrivée dans nos ports ajoutons maintenant le grand mouvement d'affaires auxquelles elles donnent lieu, mouvement d'affaires dont le commerce national jouit sans concurrence.

S'agit-il de la navigation ? Ecoutons le conseil d'Etat (1) :

« Sur 3,397,000 tonneaux affectés annuellement, d'après
« une moyenne de dix ans, au commerce maritime de la
« France, 2,032,000 tonneaux naviguent sous pavillon
« étranger. La part des armateurs français n'est que de
« 1,365,000 tonneaux. Or, sur cette quantité, 467,000 ton-
« neaux proviennent de la navigation réservée, savoir :
« 114,000 tonneaux de la navigation des pêcheries, 383,000
« tonneaux de la navigation entre la métropole et les co-
« lonies.

« D'où il résulte que cette dernière navigation présente,
« avec la totalité de la navigation réservée, le rapport de
« 75 p. 0/0; avec la navigation de concurrence, 25 p. 0/0;
« avec la navigation générale, 10 p. 0/0. »

C'est quelque chose assurément que d'alimenter le dixième de la navigation de la France et 75 p. 0/0 de sa navigation réservée.

Le même document ajoute « que les colonies offrent à la
« métropole un débouché privilégié de 52 millions de ses

---

(1) Rapport fait au nom de la section de législation du conseil d'Etat.

« produits et un mouvement d'échange de 114 millions ;
« c'est-à-dire que, considérées comme clients commerciaux
« de la France, pour leur assigner, sur la liste des nations
« qui commercent avec nous, un classement conforme à
« l'importance des transactions qu'elles alimentent, il faut
« les placer au neuvième rang, relativement à l'ensemble
« de nos correspondants, et *au troisième rang*, relativement
« aux nations avec lesquelles nous commerçons par mer,
« soit immédiatement après l'Angleterre et les Etats-Unis. »

Qu'ajouter à cet exposé ? Les chiffres qu'il indique ne
suffisent-ils pas pour prouver que, sous le rapport des échanges, comme sous celui de la navigation, nos possessions coloniales sont loin de mériter les dédains qu'on leur témoi-
gne ; qu'elles ont réellement une très-grande importance,
une importance bien supérieure à celle qu'on leur recon-
naîtrait si on ne considérait que leur étendue et le chiffre de
leur population.

Pour s'expliquer ce fait, il faut savoir 1° quelles larges ha-
bitudes de consommation les habitants des colonies ont toujours eues ; 2° que se consacrant exclusivement à la production agricole, ils reçoivent de la métropole tout ce qu'ils
consomment ; non-seulement les vins, les farines, les huiles,
les draps, les tissus de laine, de soie, de coton, de chanvre
ou de lin, les instruments et outils de toute sorte, mais jusqu'à leurs chapeaux et à leurs chaussures.

Veut-on avoir une idée de ces consommations ? Qu'on
consulte les notices publiées par le ministère de la marine et
des colonies. On y verra que, dans une seule année, nos
quatre colonies de la Martinique, de la Guadeloupe, de la
Guyane et de la Réunion ont reçu de la mère patrie, entre
autres articles :

9,755,190 litres de vin.

7,258,969 kilogr. de farine, de froment, à quoi il faut
ajouter le maïs en grains et l'avoine.

En tissus de laine, de soie, de lin, de chanvre et de coton, pour une somme de 25,494,640 fr.

Le savon, la chandelle, le beurre, les peaux ouvrées, la
chaux, les tuiles, les briques, les ouvrages d'horlogerie, les
produits de l'industrie dite *Parisienne*, figurent dans ces
consommations pour des sommes fort importantes.

Voilà ce qu'étaient ces colonies à la veille de la révolution de février, quoiqu'elles fussent tenues dans les liens
d'un monopole sans réciprocité, alors que leur principale
denrée se voyait successivement évincée du marché national par les rapides progrès d'une industrie rivale longtemps
protégée, encouragée par l'exemption d'impôt d'abord, et

plus tard par des droits différentiels, par des fixations de types calculées de manière à ménager en fait à l'industrie favorisée une prime que le législateur, en proclamant enfin l'égalité des deux productions, avait entendu faire cesser (1).

Les colonies n'en étaient pas arrivées à leur maximum de production, il s'en fallait de beaucoup. Ces *misérables îlots*, comme on disait, possédaient encore de vastes étendues de terres fertiles qui manquaient de bras pour les cultiver, même au temps de l'esclavage. Quiconque a parcouru à cette époque la Martinique et surtout la Guadeloupe peut dire combien la population y était insuffisante, et quel développement la production eût pu y recevoir. Je ne parlerai pas de la Guyane dont le vaste territoire, sillonné de rivières navigables, et touchant presque à la rive gauche du fleuve des Amazones, ne compte pas même 14,000 habitants. A quel degré de richesse ces colonies n'eussent-elles pas atteint, si une politique intelligente et généreuse eût réglé leurs rapports avec la métropole! L'accroissement de leur prospérité y eût multiplié au delà de toute expression la consommation des produits de la France, et, par une suite nécessaire, le tonnage des navires employés à ces échanges.

Eh bien, l'affranchissement des esclaves n'a pas tari leurs ressources. La liberté peut et doit être plus féconde encore que la servitude. Il y va de l'honneur de notre pays de le prouver. Les populations coloniales se sont en général montrées animées d'un excellent esprit. Elles ne demandent qu'à marcher avec ardeur dans les voies du travail et de la civilisation. Si on leur tend la main dans les premiers moments, si on les aide efficacement à traverser les premières années d'une transformation laborieuse, au lieu de les laisser succomber, on retrouvera bientôt avec usure les sacrifices qu'on aura faits pour elles. C'est un devoir pour la France de ne point les abandonner après avoir soudainement inauguré la liberté dans des lieux où elle avait pendant deux siècles institué et maintenu l'esclavage.

Les colonies, mal connues, mal appréciées, ne sont pas populaires en France. On y entend dire souvent que notre pays n'a pas besoin de rayonner au dehors, que 35 millions d'hommes doivent se suffire à eux-mêmes, qu'un pareil

---

(1) Si l'on a élevé, petit à petit, le premier type, c'est qu'on a voulu permettre au sucre de betterave d'entrer dans la consommation en payant un droit qui ne fût pas plus fort, à valeur égale, que le droit payé par le sucre colonial ou étranger. *En permettant au sucre indigène de livrer pour, le même droit une plus grande quantité réelle de matière sucrée, on compense la différence de valeur qui existe pour lui, par suite de la dépréciation de sa mélasse.*

(M. Dumas, séance du mardi 1er avril 1851. Assemblée nationale.)

marché intérieur dispense d'en chercher d'autres. Les Anglais, peuple éminemment pratique, comprennent autrement les moyens d'assurer leur prépondérance ; ils ne se lassent pas de répandre la race anglaise sur tous les points du globe, ils s'emparent de toutes les positions et font de la colonisation la soupape de sûreté de leur état social. Les colonies, par les perspectives de fortune qu'elles présentent, attirent dans leur sein et occupent utilement les esprits inquiets et aventureux qui ne se livrent aux passions politiques dans nos vieilles sociétés, que parce qu'ils trouvent toutes les carrières encombrées. L'Algérie et nos anciennes colonies nous offriront encore de précieux débouchés, pour peu que nous sachions favoriser leur développement.

Pour savoir ce qu'il convient de faire à l'égard de nos colonies, comparons notre régime colonial actuel, celui que M. Dufaure a qualifié naguère d'absurde, et qui est au moins aussi inique qu'il est absurde, avec le système qui a si bien réussi à une nation voisine. Le spectacle que nous offre en ce moment l'Espagne redevenant par ses colonies une puissance maritime, après tant d'années d'anéantissement, mérite assurément d'être étudié avec attention.

RÉGIME COLONIAL DE L'ESPAGNE.

Droit sur le sucre des possessions espagnoles d'Amérique :

Par navires nationaux.......... 18 fr. 78 c. les 100 kil.
Des possessions d'Asie............ 4   70
De l'étranger................. 37   57

Droit sur le cacao des possessions espagnoles d'outre-mer :

Par navires nationaux.......... 11   74
Des pays étrangers, le droit varie
de....................... 82   18
à....................... 52   85

Droit sur le café des possessions espagnoles :

D'Amérique................. 18   75
D'Asie................. 8   22
Des pays étrangers............ 46   96

L'Espagne ne fait point de sucre de betterave ; et cependant, tandis qu'elle protége chez elle, par des droits prohibitifs, les produits de ses colonies, et ne leur suscite à l'intérieur la concurrence d'aucun produit similaire, elle laisse à ces mêmes colonies la liberté de commercer avec le monde entier : elle se contente seulement d'assurer dans leurs ports et sur leurs marchés un certain avantage à ses propres produits et à ses navires.

Quels sont les résultats de cette politique intelligente et libérale?

Les colonies espagnoles qui, avant l'adoption de cette politique, vieillissaient dans une éternelle enfance, et n'étaient pour leur métropole que d'une utilité fort contestable, jouissent aujourd'hui d'une prospérité sans cesse croissante, dont rien ne fait pressentir le terme, et sont devenues de précieuses ressources pour l'Espagne. On sait que les traites sur le trésorier de la Havane occupent une très-grande place dans les voies et moyens du gouvernement de Madrid, quoique la colonie de Cuba défraye sur ses recettes locales toutes les dépenses de son administration, de sa garnison, qui est une véritable armée, et des bâtiments de guerre qui composent la station espagnole dans le golfe du Mexique.

Le développement considérable qu'ont pris les relations de ces colonies avec l'étranger a-t-il eu lieu au détriment de l'industrie et de la marine marchande de l'Espagne?

Loin de là, nous voyons, au contraire, que la prospérité des colonies a réagi d'une manière remarquable sur leurs rapports avec la métropole, et que la somme des produits de celle-ci consommés dans les colonies et le nombre des navires nationaux employés à les transporter ont suivi une progression très-rapide. Les chiffres suivants le démontrent.

MOUVEMENT DU PORT DE LA HAVANE.

De 1823 à 1830.

Entrés : 159 navires espagnols....... 883 étrangers.
Sortis : 163 navires espagnols....... 720 —
C'est donc pour la navigation étrangère...... 83 p. 0/0
Pour la navigation espagnole.............. 17 —

De 1831 à 1836 :

Entrés : 378 espagnols............. 660 étrangers.
Sortis : 339 espagnols............. 595 —
Navigation étrangère..................... 64 p. 0/0
Navigation espagnole..................... 36 —

De 1836 à 1840 :

Entrés : 468 espagnols .... 1,017 étrangers.
Sortis : 420 espagnols.............. 928 —
Navigation étrangère...................... 69 p. 0/0
Navigation espagnole.................... 31 —

En 1841, le tableau de la navigation entre l'île de Cuba et les pays qui trafiquent avec elle, présente les résultats suivants :

A l'entrée........ 476,000 tonneaux.
A la sortie........ 480,000

Il est entré cette année 95 bâtiments espagnols, et sorti 124 de plus qu'en 1840, tandis que dans la navigation étrangère, il y a une réduction de 84 bâtiments à l'entrée, et de 78 à la sortie (1).

L'auteur de l'ouvrage d'où j'ai extrait ces chiffres, après avoir donné le tableau du mouvement commercial, non du seul port de la Havane, mais de tous les ports de cette île, dit :

« La navigation nationale est donc allée en croissant rapi-
« dement depuis 1826. Les entrées se sont élevées, jusqu'en
« 1840, de 192 à 958 navires, et les sorties, de 169 à 912.
« *On voit, par conséquent, que la navigation nationale a été de*
« *cinq fois* ce qu'elle était auparavant. »

D'un autre côté, les importations de marchandises étrangères *par navires nationaux* ont successivement augmenté, dans les quinze dernières années, de 100,000 piastres fortes en 1826 et 1827, jusqu'au delà de 5 millions de piastres en 1839 et 1840.

« Ce ne sont pas seulement les importations de marchan-
« dises étrangères par bâtiments nationaux qui ont offert un
« accroissement constant, *mais encore les marchandises natio-*
« *nales sous leur propre pavillon.* De 2 à 300,000 piastres en
« 1826 et 1827, elles s'élevèrent, en 1839 et 1840, à 3,500,000
« piastres (2). »

Elles ont donc plus que décuplé !

Mais voici des chiffres plus récents extraits du recueil de documents sur le commerce extérieur que publie le ministère de l'agriculture et du commerce, numéro de septembre 1850, 510 à 514.

---

(1) Ramon de la Sagra, *Histoire physique, politique et naturelle de l'île de Cuba*, f. 2.
(2) même auteur.

MOUVEMENTS DE L'ENTRÉE.

	PAVILLON ESPAGNOL.		PAVILLON ÉTRANGER.	
	Navires.	Tonneaux.	Navires.	Tonneaux.
« 1848...	907	201,622	2,675	526,663
« 1847...	819	137,582	2,922	689,709

« Ainsi le pavillon espagnol a gagné 88 navires et 64,040
« tonneaux dans cette seule année, tandis que le pavillon
« étranger a perdu 249 bâtiments et 25,524 tonneaux.

« Un fait qui dénote mieux encore l'amélioration soute-
« nue de la navigation espagnole dans ses rapports avec Cuba,
« c'est l'accroissement du chiffre moyen du tonnage de ses
« bâtiments. De 1843 à 1848, le tonnage moyen des bâti-
« ments espagnols s'est accru de 145 à 222 tonneaux, soit
« de 53 p. 0/0. Ainsi, il y a eu plus de navires employés et
« des navires d'un plus fort tonnage. »

Importations.

	1847.	1848.
Sous espagnol.	15,658,871 piast.	15,222,318 piast.
pavillon.. étranger..	16,740,248	102,13,247

Exportations.

Sous espagnol.	6,549,368 piast.	6,045,093 piast.
pavillon.. étranger..	21,449,413	20,031,974

Il y a donc eu profit pour toutes les parties dans le régime commercial donné par l'Espagne à ses colonies. La
prospérité que celles-ci ont recueillie de l'ouverture de
leurs ports aux étrangers, a multiplié leurs consommations
de toute sorte, et ouvert de plus grands débouchés aux produits du sol et de l'industrie de la mère patrie. La navigation nationale a en une plus grande masse de marchandises
à transporter, et l'opulence générale a permis de prélever
sur les recettes coloniales de larges subsides pour le trésor
de la métropole.

Le commerce de Cadix et celui de Barcelone, qui gagnent beaucoup aujourd'hui à ce régime intelligent et fécond, ont pourtant bien longtemps réclamé contre son établissement. Une aveugle jalousie leur persuadait que la concurrence de l'étranger serait ruineuse pour le commerce espagnol.

La cour, mieux inspirée, passa outre. Les faits sont venus justifier sa hardiesse et donner au monde l'exemple d'un succès magnifique qui devrait nous servir d'enseignement.

Il y a loin de ce régime à celui que nous proposaient naguère deux honorables membres de l'Assemblée nationale.

Dans leur système, les colonies françaises n'auraient plus été rattachées à la métropole que par un gouverneur et une garnison entretenus à ses frais. Sous tous les autres rapports, il y aurait eu divorce complet entre elles et nous, leurs produits chez nous et les nôtres chez elles, auraient été assimilés aux marchandises étrangères.

Un pareil régime amènerait infailliblement, et dans un bref délai, l'anéantissement de nos colonies et des pertes irréparables pour notre marine marchande et nos manufactures.

On apprécierait alors, comme ils le méritent, mais trop tard, ces marchés réservés dont tant de personnes font fi aujourd'hui.

Si, au lieu de prendre chaque jour de l'importance comme les colonies espagnoles, les nôtres, depuis quelques années, n'ont fait que végéter, ne faut-il pas en accuser le régime vicieux auquel on les a obstinément assujetties ?

Du régime colonial de l'Espagne si nous passons à celui de l'Angleterre, que voyons-nous ?

CONDUITE DE L'ANGLETERRE A L'ÉGARD DE SES COLONIES.

Il est de bon goût, en France, de dire des Anglais que c'est un peuple de boutiquiers, un peuple avide, intéressé, dont tous les actes ne sont inspirés que par un sordide amour du gain.

Sans doute, l'Angleterre, en traitant avec les autres nations, a mérité souvent ce reproche, c'est son vilain côté, mais voyez-la dans ses rapports avec ses nationaux ! c'est une tout autre manière d'agir. Que de grandeur, de justice et de générosité ne montre-t-elle pas alors ! Elle ne marchande plus, elle va au-devant de ses obligations sans hésiter, et comble la mesure.

Comment a-t-elle procédé avec ses colonies ?

En abolissant l'esclavage qu'elle y avait établi, elle paye

préalablement aux colons une somme de 500 millions de francs pour les indemniser du capital que, sur la foi de la législation de leur pays, ils avaient employé à l'achat de leurs esclaves, et que l'émancipation allait leur enlever.

Elle y ajoute, pour complément d'indemnité, la jouissance pendant trois ans du travail de ces esclaves, aux mêmes conditions que du temps de l'esclavage, c'est-à-dire à la charge de les nourrir et de les vêtir.

Ce n'est pas tout. Elle se résigne pendant douze ans à payer à des prix exorbitants le sucre qu'elle consomme, afin que le colon anglais trouve dans cette élévation de prix une compensation de la réduction opérée par l'émancipation à la somme des produits. M. Stanley, dans un discours prononcé l'année dernière devant la chambre des communes, estimait à 80 millions sterling, soit 2 milliards de francs, le supplément d'indemnité que les colons anglais ont indirectement reçu par là.

Des subventions considérables ont, en outre, été allouées pour assister les colonies dans leurs essais d'immigration ; et, tout récemment, l'Etat a donné sa garantie pour faciliter des emprunts qu'elles contractent à un taux extrêmement bas pour ouvrir des routes, creuser des canaux, établir des chemins de fer.

Ce n'est qu'en 1846, douze ans après l'émancipation des esclaves, qu'on se décida à admettre, à la consommation de l'Angleterre, les sucres étrangers venant des pays où l'esclavage n'existait pas.

Enfin, en 1848, on prit la résolution d'étendre aux colonies le régime nouveau de liberté commerciale dont l'Angleterre commençait à faire l'essai chez elle-même ; mais admirez avec quels ménagements elle procède !

Les colonies sont immédiatement mises en possession de tous les avantages de ce régime, tandis qu'on en ajourne pour elle les inconvénients jusqu'à l'année 1854, c'est-à-dire que le droit protecteur dont leurs sucres jouissaient et jouissent encore leur est conservé pendant six ans, et ne décroît que lentement depuis 1848.

Il n'est pas même certain que ce terme ne sera pas une seconde fois ajourné, comme il l'a été, il y a deux ans, lorsqu'on eut constaté que la prolongation de la protection était encore nécessaire, car c'est en 1852 que cette protection devait primitivement cesser.

Ainsi déjà depuis trois ans les colonies anglaises sont commercialement affranchies ; elles peuvent acheter de l'étranger et lui vendre, imposer aux produits anglais tels droits qu'il leur plaît, et cependant leurs sucres jouissent, à l'heure qu'il est, encore d'une faveur de 6 schellings par 50 kilogrammes, soit 14 fr. 40 c. par 100 kilogrammes.

Qu'on mette en regard de cette situation celle des colons français !

Depuis près de trois ans que l'affranchissement des esclaves a eu lieu, c'est à peine, en ce moment, s'ils touchent les deux tiers de la faible indemnité qui leur a été votée par l'Assemblée constituante.

Loin d'avoir trouvé dans l'élévation du prix du sucre un supplément d'indemnité, ils n'ont eu, en 1848 et 1849, que des prix inférieurs au prix de revient, et ce n'est qu'en 1850 qu'ils ont commencé à obtenir des cours un peu rémunérateurs. Sur le marché national leurs sucres rencontrent la concurrence formidable du sucre indigène, concurrence qui ne s'est point développée dans des conditions normales, mais qui a été favorisée par quinze ans d'immunité absolue et dix ans d'inégalité de droits.

Tandis que leurs produits ne peuvent en aucune manière se soustraire au payement de l'impôt, le mode de perception permet à la sucrerie indigène d'en affranchir une grande partie des siens.

Elles n'ont donc plus ce marché réservé, qui était la compensation de l'obligation de tout recevoir de la métropole et de ne livrer qu'à elle seule leurs produits.

Les départements qui produisent le sucre indigène peuvent exporter leurs sucres pour tous pays et par tous pavillons : ceux des colonies ne peuvent aller qu'en France et par navires français.

Tous les autres produits de ces départements, les lins, les colzas, les céréales, les fourrages, circulent en franchise de droits dans toute la France : tout ce qui vient de nos départements transatlantiques supporte, sans distinction, des droits élevés.

Ces derniers sont donc, quoique reconnus parties intégrantes du territoire de la République, tenus en dehors du droit commun. Peut-on ne pas faire entrer cette considération en ligne de compte, lorsqu'on révise le tarif des sucres ?

CONCLUSION.

On a vu par ce qui précède que les colonies françaises, loin de coûter à leur métropole, comme on le dit depuis longtemps, lui rapportent des sommes considérables et alimentent un commerce fort important; qu'elles auraient acquis une bien plus grande valeur encore si elles n'avaient pas été soumises à un régime qui ne pouvait que comprimer leur essor. On a vu quels résultats admirables l'Espagne obtient d'un système contraire au nôtre; quels avantages sa marine marchande et ses manufactures ont retirés de sa politique judicieuse et libérale; que ces avantages ont toujours suivi la même progression que le développement parallèle des relations de ses colonies avec l'étranger. On a vu également à quel point l'Angleterre s'est montrée paternelle envers ses colonies, soit lorsqu'elle a dû y abolir l'esclavage, soit lorsqu'elle a jugé convenable de leur appliquer le système de liberté commerciale absolue qu'elle inaugurait chez elle-même. Les colonies espagnoles, aussi bien que les colonies anglaises, sont dans le droit commun; le commerce étranger y est admis aux mêmes conditions que dans la métropole. L'Angleterre, avec une sollicitude extrême, cherche, par toutes sortes de mesures, à compenser pour ses colonies ce que la transition du système protecteur au système de libre échange peut avoir de pénible; elle fait pour elles ce qu'elle n'a pas fait pour ses agriculteurs et ses manufacturiers; elle procède, à leur égard, par abaissement graduel des droits, tandis qu'à l'égard de ces derniers c'est l'abaissement immédiat qui a été prononcé.

On a pu voir encore que si nos colonies sont tombées aujourd'hui dans un état de prostration extrême par suite de la transformation sociale que nous y avons opérée, c'est à tort néanmoins qu'on désespérerait de les retirer de cet état ; que leurs ressources naturelles ne sont point taries, qu'elles redeviendront facilement de riches et précieuses annexes pour la métropole si on se hâte de leur accorder et si on ne leur marchande pas une assistance dont dépend leur salut. L'honneur du pays, d'accord avec son intérêt, lui impose le devoir de ne pas abandonner ces portions détachées de la grande famille française, dans la situation critique où il les a placées pour satisfaire à l'humanité. La France ne doit rien négliger pour assurer le succès de l'émancipation des esclaves dans ses colonies, afin de convaincre ceux des pays qui ont encore le malheur de posséder des esclaves, que la liberté est plus féconde que la servitude. Dans l'assistance que réclament nos départements d'outre-mer, il faut voir autre chose que quelques propriétaires producteurs de sucre et de café à encourager : il faut voir une population nombreuse qui ne vit que de la production de ces denrées, population que nous avons, pendant deux siècles, tenue dans les fers, au mépris des lois de la nature humaine, et dont nous ne pourrions, sans nous couvrir de honte, ne pas aider les premiers pas dans la société où nous venons de l'admettre. Or, cette population, qui ne possède encore aucune portion du sol, n'existe que par le salaire que lui procure son travail.

Ce travail, on le sait, c'est presque exclusivement la culture de la canne. Il n'existe dans nos colonies aucune autre industrie. Si donc le prix du sucre cesse d'être rémunérateur, le propriétaire sera forcé de réduire le salaire, et il n'est que trop facile de calculer les déplorables conséquences d'une réduction de salaire dans des pays ainsi constitués.

Toutes les considérations se réunissent donc pour déterminer l'Assemblée nationale à dégrever spécialement le sucre de nos colonies d'une manière sensible. Ce dégrèvement, pour être efficace, ne doit pas être de moins de 10 fr. par 100 kilogr., au moins pendant quelques années. Ces

10 fr. ne compensent même pas les frais additionnels que la distance impose au sucre colonial pour arriver sur le marché de la métropole, frais qui, indépendamment d'autres avantages, assurent au sucre indigène une véritable protection d'autant.

Ce ne sera là qu'un commencement de justice. Il faut encore, si on veut qu'elles prospèrent et nous enrichissent, que, conformément aux prescriptions de la constitution, nos colonies rentrent dans le droit commun, qu'elles soient admises à jouir commercialement de tous les avantages attachés à la qualité de Français, ainsi qu'on vient de le faire pour l'Algérie. Alors, sauf le sucre, dont le similaire est imposé dans la métropole, tous leurs autres produits seront reçus en franchise de droits comme produits français. Alors on leur verra prendre un grand développement, et, avec elles, s'accroître et notre marine marchande et le débouché des produits de notre agriculture et de nos manufactures. Alors, mais alors seulement, la France reprendra son rang sur les mers, et n'aura à redouter les avanies et les insolences ni de l'Angleterre ni des Etats-Unis.

Que le commerce français se persuade bien qu'il ne retrouvera jamais ni à Cuba, ni à Porto-Rico, ni au Brésil, les avantages que lui présenteraient nos colonies rendues prospères par une sage et libérale législation. Dans les contrées étrangères, il rencontre sur la plupart des articles qu'il peut offrir une concurrence contre laquelle il ne saurait lutter longtemps. Qu'on consulte à cet égard les documents relatifs au commerce extérieur, on y verra que là où déjà nos farines, nos vins, nos eaux-de-vie sont chassés par les farines des Etats-Unis, les vins et les eaux-de-vie de l'Espagne et du Portugal, les manufactures des Etats-Unis livrent à de si bas prix les tissus de laine, de lin, de chanvre et de coton, que nos importations de ces articles y sont depuis quelques années considérablement réduites. Il n'est pas jusqu'à nos vins de Champagne qui, ne pouvant se livrer au même prix que les imitations qu'en font l'Allemagne et les

Élals-Unis, ne seront bientôt aussi forcés de renoncer aux marchés des colonies espagnoles (1).

(1) Documents sur le commerce extérieur, septembre 1850.